TENEMOS CARÁCTER

TRABAJAMOS EN EQUIPO

CHARLOTTE TAYLOR

Gareth Stevens
PUBLISHING

TRADUCIDO POR
CECILIA GONZÁLEZ GODINO

Please visit our website, www.garethstevens.com. For a free color catalog of all our high-quality books, call toll free 1-800-542-2595 or fax 1-877-542-2596.

Cataloging-in-Publication Data
Names: Taylor, Charlotte.
Title: Trabajamos en equipo / Charlotte Taylor.
Description: New York : Gareth Stevens Publishing, 2021. | Series: Tenemos carácter | Includes glossary and index.
Identifiers: ISBN 9781538260753 (pbk.) | ISBN 9781538260777 (library bound) | ISBN 9781538260760 (6 pack) | ISBN 9781538260784 (ebook)
Subjects: LCSH: Interpersonal relations–Juvenile literature. | Teamwork (Sports)–Juvenile literature. | Cooperativeness–Juvenile literature. | Group problem solving–Juvenile literature.
Classification: LCC BF723.I646 T39 2021 | DDC 158.2–dc23

Published in 2021 by
Gareth Stevens Publishing
111 East 14th Street, Suite 349
New York, NY 10003

Copyright © 2021 Gareth Stevens Publishing

Translator: Cecilia González Godino
Editor, Spanish: Natzi Vilchis
Designer: Sarah Liddell
Editor: Megan Quick

Photo credits: Cover, p. 1 Robert Kneschke/Shutterstock.com; background throughout Igor Vitkovskiy/Shutterstock.com; p. 5 SDI Productions/E+/Getty Images; pp. 7, 15 Monkey Business Images/Shutterstock.com; p. 9 LightField Studios/Shutterstock.com; p. 11 Richard Lewisohn/DigitalVision/Getty Images; p. 13 Ruslan Huzau/Shutterstock.com; p. 17 RichVintage/iStock/Getty Images Plus/Getty Images; p. 19 FatCamera/iStock/Getty Images Plus/Getty Images; p. 21 kali9/E+/Getty Images.

All rights reserved. No part of this book may be reproduced in any form without permission in writing from the publisher, except by a reviewer.

Printed in the United States of America

Some of the images in this book illustrate individuals who are models. The depictions do not imply actual situations or events.

CPSIA compliance information: Batch #CS20GS: For further information contact Gareth Stevens, New York, New York at 1-800-542-2595.

Find us on

CONTENIDO

¡Trabajemos en equipo!. 4

Equipos en la clase. 6

Tiempo en familia 12

Buenos vecinos 14

Piensa en tu equipo 16

Glosario. 22

Para más información 23

Índice. 24

Las palabras del glosario se muestran en **negrita** la primera vez que aparecen en el texto.

¡Trabajemos en equipo!

Cuando juegas al fútbol o al béisbol, eres parte de un equipo. Trabajan todos juntos. Y tú juegas lo mejor que puedas. Cuando trabajas con los demás, en casa o en la escuela, también eres parte de un equipo. Trabajan todos juntos para lograr un **objetivo**.

Equipos en la clase

Jordan estaba trabajando en un problema de matemáticas muy difícil, pero no estaba segura de cómo **resolverlo**. Dos compañeros le dieron algunas ideas y permanecieron con ella en todo el proceso. Resolvieron el problema trabajando en equipo.

La clase de Emma organizó una venta de dulces para recaudar dinero. ¡Debían terminar 200 galletas! Todos llevaron los **ingredientes** a casa de Emma. Juntos, prepararon las galletas. Aunque era mucho trabajo, fue fácil porque trabajaron en equipo.

La clase de Pat preparó una obra de teatro. Algunos de los niños escribieron el guion y otros se ocuparon de los **disfraces**. Algunos niños actuaron o bailaron en la obra. Todos tenían un trabajo. Trabajaron en equipo para lograr un buen resultado.

Tiempo en familia

La mamá de Mark tenía que trabajar hasta tarde, así que su hermana mayor se ocupó de la cena. Mark y su hermana pequeña prepararon una ensalada. Cuando la mamá de Mark llegó a casa, la cena estaba lista. Toda la familia trabajó en equipo.

Buenos vecinos

El vecino de Nicole estaba enfermo, así que Nicole y sus amigos se turnaron para pasear a su perro y cuidar de sus plantas. La mamá y el papá de Nicole lo llevaron al doctor. Otros vecinos llevaron comida. Todos trabajaron en equipo para ayudar a su vecino.

Piensa en tu equipo

Drew estaba jugando al béisbol y quería lanzar. El **entrenador** le colocó en la defensa izquierda del campo. No fue tan divertido como lanzar, pero Drew sabía que su rol era importante, así que no se **quejó**. Drew dio lo mejor de sí mismo para ayudar a su equipo.

Anthony estaba jugando un partido de baloncesto y tenía el balón. Podía intentar lanzar un triple, pero Joe, su **compañero de equipo**, estaba más cerca de la canasta, así que Anthony le pasó el balón y ¡Joe encestó! Anthony jugó en equipo.

Jess iba a batear y su equipo iba perdiendo por una carrera. Jess fue eliminada y el partido terminó, pero su equipo no la culpó por la derrota. Todas tenían un papel en el partido. Un equipo gana o pierde unido.

GLOSARIO

compañero de equipo: persona que juega en tu mismo equipo.

disfraz: ropa que alguien viste para parecer otra persona o cosa.

entrenador: alguien que entrena y enseña a un jugador o a un equipo.

ingrediente: una de las cosas que se utilizan para preparar comida.

objetivo: algo que alguien intenta hacer o conseguir.

quejarse: decir o escribir que no estás contento con algo.

resolver: encontrar una forma de enfrentarse a un problema.

PARA MÁS INFORMACIÓN

LIBROS

Gordon, Jon, and Lauren Gallagher. *The Hard Hat for Kids: A Story About 10 Ways to Be a Great Teammate.* Hoboken, NJ: John Wiley & Sons, 2018.

Johnson, Kristin. *In It Together: A Story of Fairness.* Minneapolis, MN: Millbrook Press, 2018.

SITIOS DE INTERNET

PBS Kids: Teamwork Games
pbskids.org/games/teamwork/
Descubre muchos juegos divertidos para aprender sobre jugar en equipo.

WonderGrove Kids: Work Together as a Team
www.youtube.com/watch?v=TZqFYtWCWXg
Mira un corto video sobre la importancia de trabajar juntos.

Nota del editor a los educadores y padres: nuestro personal especializado ha revisado cuidadosamente estos sitios de Internet para asegurarse de que son apropiados para los estudiantes. Sin embargo, muchos de ellos cambian con frecuencia, por lo que no podemos garantizar que contenidos que se suban a esas páginas posteriormente cumplan con nuestros estándares de calidad y valor educativo. Les recomendamos que hagan un seguimiento a los estudiantes cuando accedan a Internet.

ÍNDICE

amigos, 14

baloncesto, 18

béisbol, 4, 16

casa, 4, 8, 12

clase, 6, 8, 10

comida, 14

culpar, 20

escuela, 4

hermana, 12

ideas, 6

mamá, 12, 14

matemáticas, 6

papá, 14

perder, 20

preparar, 8, 12

problema, 6

vecino, 14

venta de dulces, 8